AF561922

8

LES VOIES DU SALUT SOCIAL.

I.

TRANSLATION

DU

SIÈGE DU GOUVERNEMENT

HORS DE PARIS

PAR M. ERNEST MERSON

Rédacteur en chef de l'Union Bretonne.

PRIX : 50 CENT.

PARIS

GARNIER FRÈRES, ÉDITEURS, PALAIS-NATIONAL.

—

MAI 1850

TRANSLATION

DU SIÉGE DU GOUVERNEMENT HORS DE PARIS.

TRANSLATION

DU

SIÉGE DU GOUVERNEMENT

HORS DE PARIS

PAR M. ERNEST MERSON
Rédacteur en chef de l'Union Bretonne.

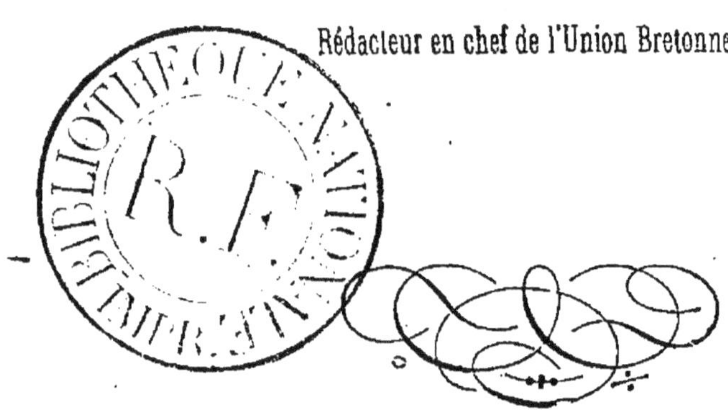

PARIS

GARNIER FRÈRES, ÉDITEURS, PALAIS-NATIONAL

—

MAI 1850

I

Ce n'est pas, comme on l'a dit, par pur caprice, par enfantillage, par sentiment de haine mesquine et jalouse, que la province a poussé et pousse encore ce cri de salut : « Que le siége du gouvernement soit transporté hors de Paris ! »

Bien plutôt c'est parce qu'ils comprennent les difficultés réelles de la situation et qu'ils veulent sincèrement en triompher, que les départements se sont unis dans une commune pensée pour indiquer au pouvoir les voies qu'il doit suivre désormais pour arracher à la révolution la proie qu'elle essaie une fois encore de conquérir.

Que si, en effet, on ne se résout à trancher dans le vif de la situation ; que si l'on ne rompt ouvertement avec ces vieux préjugés qui incarnent la France dans Paris ; que si, enfin, l'on ne déconcerte l'ennemi en déplaçant le terrain sur lequel il devra s'engager et combattre ; eh bien ! nous verrons inévitablement surgir des événements analogues à ceux qui ont, à tant d'époques, si profondément bouleversé le pays.

S'il est vrai que les mêmes causes engendrent les mêmes effets, il ne sera pas contesté que les mêmes éléments de troubles, d'agitations, de révoltes feront éclore les mêmes catastrophes.

Jusqu'à ces heures et depuis les journées d'octobre 1789, Paris tient évidemment la France en tutèle. C'est en vain que nous nous prétendons majeurs. Une volonté prépondérante réussit toujours à s'imposer à notre impuissance, et si c'est impatiemment que nous subissons un joug importun et odieux, il n'en est pas moins vrai que nous finissons par courber la tête, par accepter les liens du servage, par chausser les entraves qui enchaînent notre indépendance et jusqu'à la liberté de nos aspirations elles-mêmes.

Nous nous insurgeons, par la pensée, contre les révolutions qui s'accomplissent en dépit de nous et contre nous ; mais, de fait nos protestations demeurent stériles, et les vainqueurs impitoyables nous traitent en vaincus asservis.

De la sorte, et par notre faute, Paris a pu se croire et se dire la France. Tête et cœur à la fois, Paris, toujours servilement obéi par la province, a pu s'énorgueillir de voir trente-cinq millions d'hommes soumis aux mobiles volontés de ses faubourgs. Il a fait des révolutions, et ces révolutions ont été acceptées par la province ; — il a escroqué le pouvoir, et la province ne s'est pas révélée par des soulèvements spontanés et unanimes ; — il a forcé des dynasties à fatiguer les routes de l'exil, et la province ne s'est pas portée au-devant des royautés en fuite pour leur offrir un sûr asile et les aider à rebâtir le trône ; — il a commis tous les attentats, consommé tous les crimes, et la province, non-seulement ne l'en a pas puni, mais quelquefois lui a prêté son concours ; — il a un jour tenté d'assassiner la France entière, après avoir tranché la tête d'un roi, et la province, ne se contentant pas de se laisser percer de mille coups meurtriers, s'en portait encore à elle-même.

On peut donc dire que, depuis longues années, la province avait abdiqué ; qu'elle avait annulé son influence; que, de son aveu, elle ne comptait pour rien dans le pays; enfin que ses propres destinées devaient se régler et s'accomplir en dehors d'elle-même.

Cependant, après une trop longue léthargie, l'heure du réveil a sonné pour la province. Eprouvée par d'innombrables malheurs, menacée de nouveau dans son existence, la France a secoué cette torpeur si propice aux projets des bohêmes politiques qui ambitionnent à tour de rôle le pouvoir, — et aujourd'hui, après avoir considéré la situation, en avoir étudié les difficultés, recherché les issues, rencontré les solutions, elle est résolue à prendre en main ses propres intérêts, à les discuter, et à ne pas permettre qu'on la rende victime et complice de nouveaux désordres politiques ou sociaux.

Le cri du réveil de la France a donc été : Translation du siége du gouvernement hors de Paris.

Et qui pourrait dire que la France s'abuse ou qu'elle obéit à une pensée puérile et ridicule, lorsqu'elle indique ainsi l'une des voies de salut qui se présentent à elle ? Qui pourrait dire qu'elle prétend confisquer à son profit, l'autorité dont Paris s'est jusqu'à présent attribué le monopole arbitraire ?

La question ne saurait se poser de la sorte. Nous allons l'établir dans les termes qui seuls lui conviennent :

La France, instruite par une douloureuse et longue expérience, veut sortir des ornières où elle ne rencontre que dangers, que chausses-trappes, que précipices. Pleine de vie effective et morale, elle ne consent pas à voir ses forces s'épuiser goutte à goutte dans des épreuves journalières, au terme desquelles la décadence, la dissolution, le partage, la honte, la mort surgiraient inévitablement. Emancipée par le malheur, elle prétend partager le soin de son avenir, en contribuant à régler ses destinées, en s'arrachant à la pression odieuse de quelques milliers d'hommes qui font périodiquement des émeutes par besoin, par ambition, par nature ou par soif de catastrophes. Elle ne veut pas s'attribuer les droits exclusifs qu'elle refuse à Paris ; mais elle s'oppose à ce que Paris continue à s'arroger sur la France une prépondérance absolue dont le pays a éprouvé si fréquemment les déplorables effets. C'est-à-dire que la province, qui paie ses impôts comme Paris, qui envoie ses enfants aux armées comme

Paris ; qui, en un mot, contribue à toutes les charges publiques comme Paris, prétend, comme Paris, avoir part aux conseils du pays et ne plus être tenue par Paris en état de servage permanent.

Dans sa pensée, la province ne va pas au-delà de ce que nous venons de dire.

Et si aujourd'hui elle demande que le siége du gouvernement soit porté hors de Paris, c'est qu'elle raisonne et qu'elle se dit ceci : Depuis soixante ans, Paris joue fréquemment aux émeutes, aux révolutions, aux changements de gouvernements. Dans ce jeu, Paris seul tient les cartes ; et seule la province solde les frais de la partie. Cela est injuste ; cela ne doit pas être ; cela ne sera plus. Paris a accompli une première révolution, et l'échafaud en a été la conséquence immédiate et forcée pour la province. Paris a accompli une deuxième révolution, et la province en a éprouvé un contre-coup dont il lui a fallu de longues années pour se remettre. Paris a accompli une troisième révolution, et nul ne saurait aujourd'hui mesurer les dommages de toute nature que la province en éprouvera.

Or, si la France a, pour ainsi dire sans protestation, subi les trois attentats de 1789, 1830 et 1848, elle a du moins puisé dans la coupe du malheur que Paris a ainsi par trois fois imposée à ses lèvres, la volonté énergique et ferme de ressaisir désormais et d'exercer d'une main forte sa part d'influence et de souveraineté.

Les graves leçons du passé ne sont pas perdues pour elle ; elle ne permettra plus qu'en dehors de sa volonté, sans consulter ses intérêts, sans interroger ses désirs et ses espérances, on la précipite dans les périls d'une quatrième et mortelle épreuve.

La province sait, d'ailleurs, que souvent ce ne sont pas même des Français qui poussent le peuple de Paris à remuer les pavés, à dresser les barricades, à inaugurer des pouvoirs ensanglantés sur les ruines des pouvoirs vaincus. Lors des saturnales de l'autre siècle, qui surexcita les faubourgs de Paris? qui les porta à la révolte? qui les affubla de la carmagnole? qui les arma de piques? qui les transforma en massacreurs de prisonniers? Nul ne l'ignore, ce furent Clootz le Prussien, Frey l'Autrichien, du Fourny l'Italien, Guzman l'Espagnol, Marat le Neufchâtellois? Ces cinq hommes jetés sur le sol de France par le démon du mal, furent longtemps les maîtres de Paris, et secondés par des bandes recrutées dans les bagnes, et entretenues à grand frais par le trésor public, ils inaugurèrent le règne de la terreur qui dressa bientôt les mille échafauds que sanctifièrent tant de martyrs.

Fidèles à ces traditions, ce furent les étrangers qui armèrent le peuple et le soudoyèrent en juillet 1830; pendant toute la durée du règne de Louis-Philippe, une armée de réfugiés allemands, badois, suisses et italiens se tint en permanence à Paris, afin d'aider les émeutiers indigènes dans l'accomplissement de leurs desseins perturbateurs. Ces réfugiés contribuèrent, pour la plupart, à élever les barricades du 24 février ; ils figurèrent en grand nombre dans la sanglante bataille de juin ; et si aujourd'hui la prévoyance gouvernementale les a éloignés de France, du moins on peut dire qu'ils tiennent encore, à Berne et à Londres, les fils des complots qui s'ourdissent à Paris, et qu'ils sont les chefs véritables de l'agitation révolutionnaire qui, se produisant sans trève au sein de la grande ville, menace incessamment de se manifester sous les aspects d'une révolution plus radicale encore que celles que nous avons subies.

A ce titre, ce n'est donc pas seulement son joug que Paris a imposé et prétend encore imposer à la France ; c'est le joug d'une poignée de factieux de tous les pays, qui, chassés de leur patrie, n'espèrent y rentrer qu'à la faveur des perturbations qui, nées à Paris, iraient subitement, comme une trainée de poudre, révolutionner toutes les capitales du continent européen.

II

Si Paris a, de tous temps, été le centre dans lequel se sont donné rendez-vous les révolutionnaires de tous les pays, il faut dire aussi que toutes les émeutes, toutes les batailles, toutes les perturbations violentes accomplies à Paris ont eu leur contre-coup en Europe.

C'est-à-dire que non-seulement la province s'est montrée docile jusqu'à l'oubli de toute dignité, de tout devoir, de toute force, aux impulsions bonnes ou mauvaises qui lui étaient données par Paris ; mais encore tous les Etats européens ont essayé, de concert ou à tour de rôle, de suivre Paris dans la voie des révolutions, et, à son exemple, de briser les trônes et de chasser les rois.

De cela nous avons eu de mémorables exemples. Prenons les plus récents, et par conséquent ceux d'un enseignement plus immédiat, et faisons en sorte d'étudier l'attitude qu'eut l'Europe révolutionnaire aussitôt après que la catastrophe de février fut venue donner le signal de l'insurrection et de la lutte aux perturbateurs de tous les pays.

Nous négligeons à dessein la tentative insensée de Risquons-Tout, attendu que le peuple belge n'y prit aucune part, et que ce sont les seuls barricadeurs nomades de Paris qui se sont rendus coupables de cette échauffourée si misérablement avortée.

Nous arrivons donc de plain-pied en Allemagne. Depuis longtemps la sédition menaçait d'éclater dans les provinces de la Confédération germanique ; mais elle n'osait se produire. Elle effrayait à la fois les gouvernants et les gouvernés ; mais elle usait ses forces dans l'attente, et elle fut morte de consomption, si le signal parti de Paris ne l'eût autorisée à allumer les torches de la guerre civile. Elle étouffait dans son œuf la régénération graduelle de ce vaste pays, composé de tant d'éléments divers ; elle se prétendait puissante et donnait à croire que, d'un seul mouvement, elle renverserait tous ces trônes germains que la sagesse de l'Europe avait eu tant de peine à consolider. Cependant, elle ne s'agitait que dans les bas-fonds de la démagogie et craignait de monter à la surface même du pays.

La tourmente de février survint en France, changeant radicalement la condition d'être des rois et des peuples, et la révolution allemande résolut à son tour d'essayer ses forces. Après donc avoir fomenté la guerre dans le parlement et dans les tavernes de Francfort, la démocratie d'outre-Rhin saisit ses armes; elle réussit à compromettre dans sa cause sacrilége une portion du pays, et ses mensonges firent oublier leurs devoirs à quelques régiments qui, ayant chassé ou tué leurs officiers, lui livrèrent des forteresses et des citadelles. Bientôt on la crut souveraine et triomphante; la situation tout entière sembla devoir lui appartenir; mais la volonté de Dieu n'était pas avec elle, et cette sédition formidable en apparence se brisa au premier choc; elle se dissipa comme un nuage au premier rayon du soleil, — et aujourd'hui le peuple allemand, remis d'une secousse inattendue, respire plus à l'aise ; aujourd'hui il entrevoit une nouvelle ère de paix, de grandeur, et de félicité que ne viendront plus troubler les agitations de la place publique ; aujourd'hui aussi il maudit les révolutionnaires de Paris, dont le funeste et contagieux exemple a failli causer la perte de l'Allemagne.

Pour ce qui est des émeutiers de Rome,

chacun sait que ces autres promoteurs d'une pensée fatale, n'ont fait qu'obéir, dans leur acte de rébellion contre le gouvernement pontifical, aux excitations, aux encouragements, aux ordres même des vainqueurs de février, qui croyaient ne pouvoir jouir du fruit de leurs abominables exploits qu'à la condition de révolutionner le monde. On sait que les républicains transalpins commencèrent l'asservissement d'un peuple par l'assassinat d'un homme ; on sait de même les détails de la lutte qu'ils livrèrent au vicaire du Christ, lutte dans laquelle le Père des fidèles dut boire à longs traits un vaste calice tout plein d'amertume; on sait enfin comment Pie IX abandonna Rome pour éviter qu'un quasi-déicide fût commis contre le prince impuissant à punir le meurtre de son ministre ; on sait enfin toutes les péripéties de ce grand drame que nos armes furent dans l'obligation d'aller achever, en faisant tomber les derniers remparts d'une révolution criminelle. C'était bien le moins,

prédisaient la chute de la Hongrie, ne se trompaient pas. Une à une les armées révoltées se sont dissipées; une à une les villes ont ouvert leurs portes aux vainqueurs; une à une les forteresses ont vu tomber leurs murailles devant le canon triomphant de l'Autriche. Mais, qu'on le sache, la Hongrie n'est pas morte sans rendre Paris responsable de sa perte; parce que Paris, en essayant de rendre les Magyares complices de l'idée républicaine, avait plus fait contre leur cause que dix armées autrichiennes.

On le voit, ce n'est pas seulement sur la France que Paris exerce une influence prépondérante et fatale; c'est sur l'Europe, sur le monde même.

De là nécessairement les haines que, même au milieu de leurs admirations, les étrangers nourrissent contre la France.

Cependant, du jour où la voix convaincue des départements aura été entendue et comprise; du jour où Paris aura cessé d'être toute la France; du jour où la province, qui s'est réveillée et a voulu vivre non plus de la vie d'une ville, mais de la vie de la nation, aura fait acte de souveraineté; du jour enfin où le siége du gouvernement sera éloigné du centre anarchique où il réside encore, eh bien! l'Europe cessera d'interroger avec inquiétude le vent de France; les souverains ne craindront plus pour leurs trônes; les peuples ne redouteront plus d'être débordés par la marée montante de la démagogie; le monde enfin ne sera plus distrait de ses sympathies et de ses respects pour la grande nation.

Voilà les résultats que la province peut et doit atteindre rien qu'en ressaisissant sa puissance des anciens jours : elle se sauvera et sauvera l'Europe.

Plus loin nous aurons occasion de développer ce thème que nous posons ici comme une pierre d'attente. En ce moment nous voulons seulement récapituler sommairement les révolutions qui se sont tentées ou accomplies à Paris depuis soixante années :

Paris a fait l'insurrection du 14 juillet (prise de la Bastille), celle des 5 et 6 octobre (invasion du château de Versailles), celle du 17 juillet 91 (la pétition du Champ-de-Mars), celle de juin 1792 (première invasion des Tuileries), celle du 10 août (deuxième invasion et premier pillage des Tuileries.)

Paris a laissé faire les massacres de septembre, et s'il ne s'est pas trouvé dans la Convention d'orateurs pour les glorifier, il s'est trouvé des voix pour demander qu'on les *oubliât.*

Marat, un moment, a été l'idole d'une partie de la population de Paris.

Paris a laissé conduire Louis XVI à l'échafaud, et la garde nationale de l'époque, la stupeur sur le visage, formait la haie sur le passage du roi supplicié.

Paris a fait l'insurrection du 31 mai, qui devait envoyer les Girondins à l'échafaud (première invasion de la Convention) ; l'insurrection du 9 thermidor, qui devait amener la dictature de Robespierre et qui amena la grande moralité de sa chute et de sa mort; l'insurrection du 12 germinal (deuxième invasion de la Convention); l'insurrection du 1er prairial (assassinat du représentant Ferraud, et troisième invasion de la Convention), et enfin l'insurrection du 13 vendémiaire.

Sous l'empire, Paris fut tranquille; pendant la restauration, il recommença, par quelques émeutes de peu d'importance, à se refaire la main.

En 1830, il fit l'insurrection qui renversa la branche aînée (troisième invasion et deuxième pillage des Tuileries.)

Mais à dater de cette époque, l'insurrection s'appuya sur une science nouvelle, la science des *barricades*, et Paris nous donna l'insurrection des 5 et 6 juin, l'insurrection d'avril, l'insurrection du 8 mai.

Vint ensuite l'insurrection de février (quatrième invasion et troisième pillage des Tuileries);

celle du 13 mai (quatrième invasion de la représentation nationale) ; celle des abominables journées de juin ; puis, pour finir, jusqu'à nouvel ordre, l'insurrection du 13 juin.

Voilà le bilan révolutionnaire de Paris. Nous ne répondons pas qu'il soit complet; mais tel quel, il doit nous fournir les éléments d'une protestation éclatante contre le servilisme qui a fait successivement accepter par la province, des gouvernements éclos dans le sang ou dans la boue, suivant la nature de ceux qui les improvisaient à Paris.

—

III

Il y a longtemps déjà que l'idée de transporter le siége du gouvernement hors de Paris s'est produite. Cependant elle n'a commencé à pousser des racines profondes dans le pays que depuis la révolution de février.

Les saturnales du gouvernement provisoire ; le subterfuge à l'aide duquel le régime républicain a été substitué à l'état monarchique ; les excès de la populace ameutée et triomphante ; les orgies auxquelles se sont livrés les hommes qui, au lendemain de la facile victoire remportée par l'insurrection, s'emparèrent du pouvoir; le mépris que Paris fit de la province dans cette circonstance décisive et mémorable; la succession de troubles, d'émeutes, de manifestations qui menacèrent les départements d'une sanglante dictature; les entreprises audacieuses de Blanqui, de Barbès et de Ledru-Rollin; la permanence des clubs; l'organisation des ateliers nationaux, tout cela démontra à la province que si Paris continuait à être l'exclusif arbitre des destinées de la France, un jour se lèverait où la plus noble nation du monde s'ensevelirait dans la mort.

De cet instant, l'idée a grandi, s'est développée, a pénétré partout où une idée généreuse peut trouver accès, et aujourd'hui il n'est personne de sensé, de bonne foi, qui ne soit convaincu de cette vérité que les difficultés si graves, si nombreuses de l'avenir ne peuvent être débrouillées et vaincues qu'autant que le siége du gouvernement cessera d'être placé au milieu même de ceux qui ambitionnent le pouvoir, et ne peuvent le conserver quand ils le possèdent, que par l'arbitraire, le désordre et la terreur.

L'idée a pris du corps ; elle est peu à peu devenue doctrine, et, si l'on étudie avec quelque soin la polémique de tous les organes consciencieux et intelligents de l'opinion publique en province, on acquiert la certitude que partout en France, au nord et au midi, à l'ouest et à l'est, la même préoccupation domine ; que tous les journaux sont imbus de cette pensée que Paris doit cesser de s'imposer au pays, sous peine pour le pays de disparaître dans le plus lamentable de tous les naufrages. Or, Paris ne peut cesser de s'imposer au pays, qu'en cessant d'être exclusivement le siége du gouvernement ; et il ne peut cesser d'être exclusivement le siége du gouvernement que si, en continuant résolument la croisade entreprise, la provinee démontre que la force vive de la nation réside en elle, et que toute tentative d'asservissement quelconque la trouverait désormais énergique dans son droit, résolue dans sa volonté, libre dans l'exercice de sa souveraine résistance.

La province entend que Paris ne soit plus, dans le présent et dans l'avenir, que la quatre-vingt-sixième partie de la France, et non plus toute la France; que Paris accepte les lois du pays, et n'impose plus des lois au pays; qu'il soit gouverné par le pays, et qu'il cesse de gouverner le pays; qu'il soit la plus grande, la plus magnifique, la plus riche ville de la nation, mais qu'il ne se prétende plus la nation tout entière. La province veut cela, parce qu'elle veut en finir avec ces révolutions qui s'accomplissent périodiquement à Paris, et que le télégraphe porte sur ses ailes rapides dans toutes les directions, pour être acceptées ou subies par ceux-là mêmes qu'elles froissent ou qui les répudient.

La province comprend toute la grandeur de la mission à accomplir, et elle a pris la ferme résolution de ne manquer à aucun des devoirs que sa tâche lui impose. Voilà pourquoi, voulant préserver la France des catastrophes dont les entrepreneurs d'insurrections la menacent encore, elle prétend arracher à Paris le dernier lambeau de suprématie qui lui reste.

Après cela, nous ne prétendons pas que Paris doive cesser d'être la capitale de la France, puisque nous le disons la capitale du monde. A Dieu ne plaise que nous essayions de rapetisser ainsi ce qui doit demeurer éternellement grand et respecté ; à Dieu ne plaise que nous soyons aveugles à ce point de dire que Paris puisse devenir un désert où les ruines s'entasseraient sur les ruines. Non, notre pensée n'est point jalouse d'une supériorité effective que nous aimons à proclamer. Seulement nous voudrions que Paris cessât d'être la torche qui allume partout l'incendie, au lieu d'être le flambeau qui éclaire toutes les obscurités. Et, prévoyant des objections qui ne manqueront pas d'accueillir ces lignes, nous faisons les réflexions suivantes :

Il y a au-delà de l'Atlantique une grande confédération d'Etats, qui est à la fois l'une des plus merveilleuses et des plus puissantes créations de l'ère moderne. Entre tous ces Etats, celui de Pensylvanie est célèbre à plus d'un titre. Eh bien ! quelle est la capitale de cet Etat ? C'est Philadelphie, ville grande et magnifique, qui compte deux cent soixante mille habitants. Maintenant, où siége le gouvernement de Pensylvanie? A Harrisburg, petite cité d'une quinzaine de mille âmes. Ceci admis, poursuivons nos recherches dans le même groupe d'Etats, et disons : Le Maryland a pour capitale Baltimore, ville de cent mille habitants, l'une des plus riches et des plus commerçantes de l'Union américaine ; cependant le président et les chambres législatives du Maryland siégent à Annapolis, espèce de bourgade de trois mille âmes au plus.

L'Etat de New-York compte une ville de 350,000 âmes ; cette ville ne renferme pas le siége du gouvernement, qui réside à Albany, ville de 30,000 habitants, dont le nom n'occupe pas dans l'histoire une plus grande place que sur la carte américaine.

Enfin, où le gouvernement fédéral, ce gouvernement qui exerce une puissance incontestée dans le monde, a-t-il établi son siége? Dans l'une des grandes, riches, et populeuses cités de la confédération? Non pas. Tout simplement à Washington, ville qui n'est rien qu'une agglomération d'édifices, animée seulement par les séances du congrès, et dont la population n'excède pas vingt et quelques mille habitants.

Voilà des exemples caractéristiques peut-être. Cependant, comme ils sont empruntés à un peuple placé sous une latitude autre que la nôtre ; comme on pourrait trouver dans la différence des caractères et des mœurs tout au moins un prétexte pour repousser toute assimilation gouvernementale, prenons un point d'observation plus rapproché de nous, et demandons où Louis XIV, ce monarque dont le règne, on voudra bien le concéder, ne fut ni sans force, ni sans grandeur, ni sans gloire, avait placé le siége de son pouvoir souverain. A Paris? Non. A Versailles? Oui.

A Paris? Non; parce que le grand roi savait par expérience combien le peuple de cette capitale est turbulent, avide de changement, enclin à la lutte; parce qu'il savait que la grande ville renferme des ferments de troubles au milieu desquels sa puissance se fût amoindrie, annulée, avilie; parce qu'il savait que l'esprit révolutionnaire des parisiens eût arrêté ses glorieux essors, en l'obligeant à réserver pour conjurer les dangers du dedans les forces qu'il voulait employer à assurer les triomphes du dehors.

A Versailles? Oui; parce que là, libre au moins des préoccupations qui l'eussent assiégé sous les lambris du Louvre, il pouvait gouverner la France et dominer l'Europe.

Si Louis XIV eût établi le siége de son pouvoir absolu à Paris, son vaste génie se fût épuisé à combattre les ennemis intérieurs, et il n'eût pas conquis sur les ennemis étrangers les deux grandes provinces, qu'après bien des fortunes diverses, il put enfin incorporer à la France ; — il n'eût pas rasé les Pyrénées et assuré la prépondérance des Tuileries sur l'Escurial ; il n'eût pas planté son drapeau victorieux sur les murailles de toutes les capitales.

Et voyez ce qui assura le triomphe de la révolution accomplie dans les dernières années du XVIIIe siècle ? Evidemment ce fut la faiblesse de Louis XVI, qui, sous la pression de l'émeute, quitta Versailles pour les Tuileries, et fit siéger au milieu même de ses ennemis les assemblées issues du libre suffrage des provinces. Une concession inopportune enfanta toute la série de douleurs qui devaient assiéger la France, et précipiter le pays, de chute en chute, jusqu'à ce degré d'abjection sanglante où les massacreurs de Paris purent se croire, se dire, et être, en effet, maîtres de la situation.

Dès cette époque, Paris n'avait aucun titre à devenir l'asile de la représentation nationale. Et à ce sujet nous voulons citer l'opinion d'un hommie dont les révolutionnaires ne sauraient récuser la compétence, — celle du régicide Barrère.

Voici en quels termes il s'exprime sur ce point, dans un passage de ses Mémoires publiés en 1842, par M. le comte Carnot, alors député, devenu depuis le citoyen Carnot, représentant du peuple :

» L'ASSEMBLÉE NATIONALE A PARIS.

» ...... Je quittai Versailles à regret. Paris » n'est pas le lieu convenable aux assemblées » nationales ; il y a trop d'influences corruptri- » ces. Ce n'est pas pour de faibles causes que, » dans l'ancienne monarchie, sous les Valois » notamment, les états-généraux se tenaient al- » ternativement dans différentes villes de pro- » vince. C'est ainsi que nous avons vu, dans » l'histoire des assemblées de la nation, et dans » celle de sa législation, les états-généraux et » les grandes ordonnances de Blois, d'Orléans, » de Tours, de Roussillon, de Rouen, de Villers- » Cotteret, etc.

» Sans doute, si l'opinion des masses n'était

» pas sujette à se corrompre, si l'esprit public
» n'était pas trop souvent frelaté et de fabrique,
» si la vertu civique et un patriotisme éclairé di-
» rigeaient toujours les écrivains, les journalis-
» tes, les publicistes et les réunions politiques,
» ainsi que les salons qui ont acquis trop d'influ-
» ence sur les affaires générales ; alors, point de
» doute que les assemblées de la nation ne fus-
» sent mieux placées dans le sein de la capitale
» que dans les provinces, parce qu'on aurait un
» plus grand foyer d'opinions et un plus riche
» concours de lumière pour régler les affaires et
» les besoins de l'Etat. Mais quand ce vœu sera-
» t-il accompli? Quand y aura-t-il plus de *natio-*
» *nalité* et de *morale* à Paris, et moins d'*égoïsme*
» dans toutes les classes?......

. . . .

. . . .

» Ce sera toujours une chimère pour les Pari-
» siens que de leur montrer une patrie. Le Pro-
» vençal, l'Alsacien ont bien une patrie véritable

» mais c'est en Alsace, c'est en Provence, et non » à Paris, qui n'est et ne sera jamais que LA » GRANDE AUBERGE DE L'EUROPE.

» Je laisse au temps et à la marche progressive » des corruptions morales et politiques à démon- » trer cette vérité. »

Cependant une réflexion nouvelle nous vient. Est-ce que Paris, à une époque intermédiaire, n'a pas été encore le mauvais génie de la France? En 1814 et en 1815, Paris devenu la proie de l'ennemi, la France fut conquise tout entière, et les provinces, habituées à subir le joug de la capitale, se soumirent sans résistance au Russe, au Germain, à l'Anglais qui occupaient Babylone. En ce moment fatal, Wellington et Alexandre, Blücher et l'empereur d'Autriche eussent voulu, avec leur sabre victorieux, dépecer la France pour s'en partager les lambeaux, Paris possédé par l'invasion laissait les départements sans force, sans énergie, sans défense, et l'œuvre d'asservissement à l'étranger se fût accomplie sinon sans conteste, du moins sans une de ces luttes désespérées et glorieuses, où les peuples grands et libres, même en mourant, se révèlent.

Eh bien ! que Paris demeure ce qu'il prétend être encore ; qu'il conserve au milieu de sa populace émeutière le siége du gouvernement ; qu'il soit toujours, comme on dit, le cœur et la tête de la France ; — vienne la honte de l'ennemi abreuvant son coursier aux rives de la Seine, et les provinces passeront une à une ou toutes ensemble sous les fourches caudines du vainqueur, et le nom de la France sera biffé peut-être de la carte du monde.

Prévoir les dangers, c'est éviter les périls. Entrevoyons donc le jour où, à la suite d'une succession d'événements contraires, Paris conquis pourrait entraîner une fois encore la France entière dans sa perte, — et disons que, voulant assurer la perpétuité de notre grand et noble pays, il nous faut sans hésitation adopter toutes les mesures propres à conjurer les éventualités de sa chute.

La translation du siége du gouvernement hors de Paris est un de ces moyens infaillibles. Demandons-la avec instance — jusqu'à l'heure où nous l'aurons obtenue.

—

IV

Les raisons abondent pour légitimer l'ardeur avec laquelle la province désire et demande la translation du siége du gouvernement hors de Paris.

En voici une nouvelle, qui nous semble devoir mériter qu'on l'étudie :

Aujourd'hui, le pouvoir est environné de cent quarante mille baïonnettes, sans lesquelles il se croirait impuissant à gouverner. C'est-à-dire que le tiers au moins de l'effectif de notre armée est exclusivement employé à protéger, d'une part les délibérations de l'Assemblée nationale, de l'autre l'exécution des lois par le président et ses ministres. La population de Paris est composée d'éléments tels, et l'expérience l'a surabondamment prouvé, qu'il serait imprudent d'essayer de gouverner sans cet incroyable déploiement de forces. Si la garnison de Paris était diminuée dans des proportions raisonnables; si les forts étaient désarmés; si des milliers de canons cessaient d'être prêts pour toutes les éventualités; si une multitude de généraux s'éloignaient des états-majors établis autour du pouvoir; eh bien! la révolution recommencerait une nouvelle étape, et la capitale serait bientôt aux mains des communistes qui prétendent nous courber sous leur terrible et stupide niveau.

Nous sommes donc placés dans cette alternative: — ou d'entretenir à Paris, à grands frais, une armée assez nombreuse pour conquérir le monde ; ou de nous exposer à être étouffés par les perturbations politiques et sociales qui menacent notre lendemain.

Or, nous disons que cette situation est intolérable, qu'elle est pleine de périls, et que, sous peine de catastrophes aisées à prévoir, il faut y mettre un terme.

En effet, si, à la faveur de la paix européenne, la France maintient sans difficulté une garnison inusitée à Paris, l'heure peut sonner où elle sera obligée d'appeler tous ses soldats à la frontière. La capitale devra alors être dégarnie, et non-seulement nous aurons à combattre les entreprises des ennemis du dehors, mais encore il nous faudra réprimer les agitations des ennemis du dedans. Or, si, en ce moment, cent quarante mille hommes suffisent à grand'peine à modérer les élans guerriers des dresseurs de barricades, comment une troupe moins nombreuse parviendra-t-elle, dans le cas que nous venons de dire, à contenir cette population révolutionnaire, qui, dans les périls courus par la nationalité française, verra le triomphe longtemps ambitionné de ses coupables aspirations.

A ce titre encore, et il est difficile à un esprit sérieux et de bonne foi de contester cette affirmation, le maintien du siége du gouvernement à Paris est dangereux et impossible.

Comment ! au milieu des complications intérieures, en présence de la rupture survenue entre la France et l'une des grandes puissances européennes, on ne comprendra pas que la moindre concentration de troupes sur les frontières suffirait pour donner aux communistes les moyens de dominer la situation! Comment! on refusera d'ouvrir les yeux à la lumière et de voir que la révolution n'attend pour mettre ses forces en ligne de bataille que le moment prévu où la garnison de Paris devra être amoindrie ! Comment ! on méconnaîtra à ce point les nécessités actuelles qu'on s'exposera, par entêtement ou de gaîté de cœur, à devenir la proie de l'anarchie qui s'agite et s'avance!

Non, cela n'est pas possible ; parce qu'il y a encore en France ce qui sauve les nations penchées sur le bord des abîmes : du bon sens, de la raison et de la clairvoyance.

Pour nous, nous le déclarons, nous ne comprendrons jamais un gouvernement qui, pour administrer, est obligé de s'entourer d'une puissante armée ; nous ne comprendrons jamais un pouvoir qui, pour s'exercer, doit s'appuyer sur les baïonnettes de cinquante régiments. Cela ne s'est jamais vu,— et, quand nous serons sortis de l'ère des révolutions, cela ne se verra plus jamais.

En effet, si cette situation devenait normale pour la France, nous serions la dernière nation du monde, nous serions le peuple le plus déchu du globe.

Eh bien ! au lieu de continuer à parquer le gouvernement à Paris, au milieu des émeutes, des barricades, des menaces de pillage, des programmes d'incendie, transportez l'Assemblée, la Présidence, les ministres — à Tours, — à Bourges, — à Angers, — à Versailles, partout où vous voudrez : il est clair que plus ne sera besoin de cent quarante mille fusils pour veiller au salut du pouvoir ; plus ne sera besoin, pour conserver la quasi-tranquillité publique, d'un déploiement de forces sans exemple dans l'histoire révolutionnaire de tous les peuples. Transportez les pouvoirs législatifs et exécutifs dans n'importe quelle ville de France, et quelques régiments suffiront pour les faire respecter ; d'autre part, douze mille hommes auront cette autorité de maintenir la paix, le calme, la tranquillité à Paris, quand Paris sera privé de ce qui fait à la fois son danger et sa force. Des révolutions pourront être tentées encore dans la grande cité; elles s'y accompliront même, si vous voulez ; mais, comme il y aura ailleurs un gouvernement régulier autour duquel se centraliseront l'énergie, le dévouement, la résolution de la France, l'émeute, circonscrite à Paris, sans écho en province, mourra d'inanition; même triomphante, elle n'exercera nulle influence sur nos destinées, et elle ne nous trouvera plus, comme jadis et naguère, servilement obéissants à ses prescriptions arbitraires et honteuses.

Nous le répétons, parce que la vérité, pour être comprise, doit se présenter incessamment et sous toutes les formes aux yeux de ceux qui la méconnaissent, la nient, la discutent ou l'outragent, la France est lasse d'agitations et de troubles; elle veut vivre de la noble et grande existence que Dieu lui a faite; elle aspire après les libertés promises et qu'elle ne possède pas; elle veut être la nation civilisée par excellence, la promotrice de toutes les idées grandes et généreuses; elle veut cesser de creuser sous l'Europe la mine qui menace le monde; elle veut enfin être en admiration aux peuples et non plus leur inspirer un perpétuel effroi. Donc il faut qu'elle en finisse avec les révolutions comme avec les révolutionnaires; il faut qu'elle abandonne les ornières où la marche irrationnelle et inconsidérée des choses l'a précipitée; il faut qu'elle sorte indépendante et glorieuse de l'état d'asservissement dans lequel l'ont maintenue, depuis soixante années, les hommes intéressés à la faire esclave de Paris. La province est majeure ; elle ne doit plus être maintenue en tutèle. Elle renferme en elle tout ce qui constitue la force, tout ce qui donne l'énergie, tout ce qui enfante le dévouement; elle ne doit plus voir sa part d'initiative, de solidarité, de prépondérance, atrophiée par la pression d'une ville ambitieuse par delà les bornes de la raison, du droit, de l'intérêt commun.

Ah ! que Paris conserve ses monuments, ses musées, ses académies, ses écoles; que Paris demeure la cité du luxe, des plaisirs, des théâtres, de la science ; que Paris soit, comme par le passé, le rendez-vous de tous les écrivains, de tous les artistes, de tous les savants, de tous les curieux de l'Europe ; que Paris, avec son million d'habitants, ses édifices sans nombre, ses richesses incalculables, reste l'une des plus magnifiques capitales du monde ; — mais aussi que Paris cesse d'être la cité des émeutes ; que Paris ne soit plus la ville où tous les barricadeurs du continent s'assemblent pour remuer périodiquement des pavés; que Paris ne s'impose plus à la France comme le régulateur infaillible et incontesté des destinées nationales ; que Paris ne donne plus aux peuples le signal de ces insurrections funestes qui ont coûté, depuis des années, à l'Europe tant de sang et tant de larmes ; que Paris enfin ne nous entraîne plus dans les naufrages que si fréquemment il affronte et où tant de fois déjà la France a failli trouver la mort.

Pour que la transformation souhaitée par tous les bons esprits s'accomplisse, un moyen est offert. Beaucoup le croient infaillible — nous sommes de ceux-là, et nous voulons qu'on l'emploie ; quelques-uns doutent encore de son efficacité, — et nous leur disons de tenter l'aventure.

Qu'y risquons-nous ? Peu de chose.

Qu'y pouvons-nous perdre ? Rien.

Qu'y pouvons-nous gagner ? Tout.

Tout, — c'est-à-dire le calme qui nous a fui,

la prospérité qui s'est évanouie, l'activité commerciale qui est morte, le travail industriel qui a perdu ses voies. Tout, c'est-à-dire, la reconstitution de la fortune publique, si profondément endommagée; la sécurité personnelle, dont chacun doute; la foi dans l'avenir, si violemment altérée; la gloire enfin et la puissance, tant et si fréquemment compromises.

Nous pouvons gagner tout cela, rien qu'en transférant le siége du gouvernement quelque part ailleurs qu'à Paris.

Et, en effet,

Quand la représentation nationale ne siégera plus au milieu même de l'armée de l'émeute, sous la pression de menaces qui peuvent se traduire, comme au 15 mai, par l'envahissement de la salle de ses séances, — elle sera plus indépendante, moins assiégée de préoccupations, et elle pourra faire de bonnes lois qui nous manquent et dont sa situation actuelle l'empêche d'aborder la discussion;

Quand le pouvoir exécutif ne sera plus oblige

de prolonger outre-mesure les veilles d'armes; lorsqu'il n'aura plus besoin de s'entourer de cent quarante mille fusils et de milliers de canons pour remplir la difficile mission confiée à son patriotisme; lorsque son temps ne se dépensera plus exclusivement dans des luttes ou contraires ou stériles — il gouvernera le pays et réalisera toutes les espérances des hommes d'ordre, de sincérité, de conviction.

La question se pose aujourd'hui d'une manière plus précise que jamais : nous sommes en présence du *to be or not to be* de Shakespeare. Il s'agit de savoir si nous voulons nous sauver, — ou si, persévérant dans notre aveuglement fatal, nous continuerons à conspirer contre nous-mêmes ; il s'agit de savoir si nous vivrons, — ou bien si de gaîté de cœur nous signerons l'arrêt de notre mort.

Dans le premier cas, faisons comme ces animaux du désert qui, pour ne pas voir leur ennemi, cachent leur tête dans le sable, et dans cette attitude attendent impassibles l'heure prochaine du trépas. Laissons marcher les choses à leur gré ; subissons sans murmure les coups du sort, et permettons à Paris de disposer de nos destinées, suivant les inspirations de ses faiseurs de barricades.

Dans le second cas, faisons comme ces autres animaux qui, pour combattre leurs adversaires, choisissent la position la plus favorable et la plus sure, d'où ils peuvent porter des coups décisifs sans risquer de recevoir de mortelles atteintes. Portons la lutte sur le terrain qui est nôtre, et pour être protégé par le gouvernement de la nation, arrachons-le d'entre les éléments ennemis qui le condamnent à l'impuissance.

Le cri du salut s'est fait entendre. Répétons-le sans cesse en des échos immenses, et, comme le droit et la vérité ont infailliblement leur jour de triomphe, soyons-en sûrs, le Paris révolutionnaire qui effraie le monde, bientôt ne sera plus.

Nantes, Imp. Bourgine, Masseaux et Comp.